Inhalt

Spezialitätenchemie - Innovativ, serviceorientiert und auf Tuchfühlung mit dem Kunden

Kernthesen

Beitrag

Fallbeispiele

Zahlen und Fakten

Weiterführende Literatur

Impressum

Spezialitätenchemie - Innovativ, serviceorientiert und auf Tuchfühlung mit dem Kunden

Autor GENIOS BranchenWissen: A.Schneider

Kernthesen

- Der Spezialchemiesektor zeichnet sich tendenziell durch eine große Vielfalt an Firmen, Produkten und Anwendungen, überschaubare Teilmärkte und hohes Differenzierungspotential gegenüber dem Wettbewerb aus.
- Um im schnelllebigen Geschäft trotz fortschreitender Commodisierung und erhöhtem asiatischem Wettbewerb

erfolgreich zu bleiben, modernisieren die Anbieter ihre Geschäftsmodelle und Strategien.
- Das Spezialitätenchemieunternehmen von morgen braucht eine führende Marktposition in einem spezifischen Marktsegment, eine kritische Größe, eine genaue Kenntnis des Marktes und der Endkundenbedürfnisse und ein mehrwertorientiertes Preismodell.
- Innovation findet in Kooperation mit dem bestimmenden Kunden statt; Kundenbindung läuft über neuartige Dienstleistungen und umfangreiche Servicekonzepte.

Beitrag

Der Spezialitätenchemieanbieter von morgen begegnet der zunehmenden Commodisierung der Produkte und der wachsenden Konkurrenz aus Asien mit hautengem Kundenkontakt, verstärkten Innovationsanstrengungen und neuartigen Dienstleistungen.

Spezialitätenchemie:

Nischenmärkte mit großer Produktvielfalt und hohem Mehrwert

Traditionell werden in der Chemie die Basischemie, die Fein- und Spezialitätenchemie unterschieden.

Basischemieunternehmen wie Dow, BASF oder Dupont liefern tendenziell als Commodities einzuordnende Produkte (z.B. anorganische Grundchemikalien wie Formaldehyd, Petrochemikalien wie Crackerprodukte oder Weichmacher, Kunststoffe wie Polyurethane). Die Unternehmensgröße, ein effizienter Produktionsprozess mit Skaleneffekten und eine schlanke Supply Chain sind für ihren Erfolg wichtig.

Die Feinchemie umfasst im Kern Substanzen für die Arzneimittel- und Agrochemieindustrie und war um die Jahrtausendwende der große Hoffnungsträger der Chemie.

Unternehmen der Spezialitätenchemie stellen kaum Güter her, die für den Endkunden direkt sichtbar sind. Spezialchemikalien sind Substanzen, die entweder in der chemischen oder pharmazeutischen Industrie weiterverarbeitet werden oder in anderen Industriezweigen für Spezialeffekte zum Einsatz kommen. Textilfarbstoffe, Autolacke, Kunststoff-Stabilisatoren, Futtermittelzusätze, Klebstoffe oder Waschmittelzusätze sind nur einige ausgewählte Beispiele.

Die Produkte von Spezialchemieanbietern werden bei den Kunden typischerweise in kleinen Mengen eingesetzt, erzielen dort aber einen hohen Mehrwert durch deutliche Verbesserungen beim Produktionsprozess bzw. hinsichtlich der qualitativen Eigenschaften der Fertigprodukte des Kunden. Der Spezialchemiesektor zeichnet sich tendenziell durch eine große Firmenvielfalt aus; es gibt eine hohe Vielfalt der Produkte und Anwendungen. Die einzelnen Teilmärkte sind dabei oft von relativ geringer Größe. Das Differenzierungspotential gegenüber dem Wettbewerb ist tendenziell hoch. Auch die Unternehmen selbst sind in der Regel deutlich kleiner als die Basischemiehersteller. Der Service spielt eine weitaus größere Rolle.

Nicht immer lässt sich ein Chemiehersteller nur der einen oder anderen Kategorie zuordnen. So liefert BASF sowohl Basischemieprodukte als auch Fein- und Spezialchemikalien. BASF hat beispielsweise einen innovativen Baustoff mit Kühleffekt erfunden. Er kann Wärme, die im Haus durch intensive Sonneneinstrahlung entsteht, aufnehmen und Räume so vor Überhitzung schützen. Wenn es draußen kälter wird, gibt er die Energie wieder frei. Und Dupont bietet neben Grundchemikalien auch komplette Lösungen wie Corian an, einen modernen Acryl-Verbundwerkstoff, der als fertig geformtes Spül- oder Waschbecken ausgeliefert wird.

Darüber hinaus gibt es mittlerweile auch eine ganze Reihe von Unternehmen, die Produkte und vor allem Lösungen anbieten, die auf Spezialchemikalien beruhen, wo aber das Unternehmen nicht als Chemieunternehmen auftritt oder wahrgenommen wird. Ein Beispiel: Ecolab, der Spezialist für Reinigung und Desinfektion wird vom Markt nicht mehr als Chemieunternehmen wahrgenommen, denn er verfügt über einen kompletten Service-Downstream, der bis zur Lieferung des Geschirrspülers und dessen Wartung reicht.
Oder Geohumus: Das Start-up-Unternehmen stellt Geohumus her, einen Bodenverbesserer, der aus Superabsorbern, Silikat und Lavagesteinsmehl besteht und als Bodenhilfsstoff und Mineralstoffspeicher eingesetzt werden kann. Das Material bindet Wasser in großen Mengen. Ganze Wüstenstaaten sind daran interessiert. Geohumus verbindet zwei innovative Entwicklungen der Chemieindustrie - Superabsorber und Nanotechnologie - und schafft dabei eine hohe Wertschöpfung. Wieder einmal ist es kein Chemieunternehmen, das die Innovation vermarktet, sondern ein Drittanbieter. (1)

Erfolgsfaktoren für den Spezialitätenanbieter von morgen

Was gestern noch Spezialchemie war, ist heute bereits commodity. Die Spezialchemieanbieter beschreiten daher inzwischen neue Wege, um ihre globale Wettbewerbsfähigkeit zu erhalten und zu stärken. Innovation und Wertschöpfung spielen dabei eine Schlüsselrolle.

Marktführerschaft und kritische Unternehmensgröße

Um auch morgen erfolgreich am Markt bestehen zu können, müssen Spezialkompetenz und Unternehmensgröße stimmen. Das Spezialitätenchemieunternehmen von morgen braucht einerseits eine führende Marktposition in einem spezifischen Marktsegment und andererseits eine kritische Größe, um in Innovation, Forschung und Entwicklung, Vertrieb und Anwendungstechnik eine weltweite Präsenz finanzieren zu können.

Genaue Kenntnis des Marktes und der Endkundenbedürfnisse

Der moderne Spezialitätenchemieanbieter kennt seinen Markt sehr gut und versteht die Bedürfnisse seiner Endkonsumenten haargenau. Seine gesamte Wertschöpfungskette, Unternehmensprozesse, Strukturen und Entscheidungsregeln sind konsequent darauf ausgerichtet. Demzufolge orientiert es seine Innovation zielgerichtet an seinen Kunden. Sein Marketing hat herausgefunden, was der Endkunde wirklich will, worauf er viel Wert legt und worauf weniger, und wofür er dementsprechend bereit ist zu zahlen. Der Spezialitätenchemieanbieter schafft aufgrund dieser Kenntnisse einen Zusatznutzen für seinen Kunden, den dieser anerkennt und haben möchte.

Hierfür ein paar Beispiele:
In der Automobilindustrie werden immer mehr Kunststoffe als Material für Karosserieteile eingesetzt. Die Materialien entwickelt und liefert beispielsweise der Spezialchemieanbieter Lanxess. So wird die vordere Seitenwand für das neue BMW 3er Coupé aus einem neuartigen Thermoplast-Material hergestellt. Das Bauteil ist damit um die Hälfte leichter als ein Bauteil aus Stahl und hat wenn es lackiert ist aufgrund seiner hohen

Wärmeformbeständigkeit optisch die gleichen Eigenschaften wie herkömmliche Seitenwände aus Stahl. (2)

Seit diesem Sommer macht der Wandbelag ccflex der klassischen Tapete und den Fliesen Konkurrenz. Degussa hat die eigentlich harte, spröde und brüchige Keramik so bearbeitet, dass es ganz neue Eigenschaften hat und sich nun als Wandbelag eignet. Er ist kratz- und schlagfest, wasserbeständig, schmutzabweisend und stabil gegen ultraviolette Sonneneinstrahlung. Er lässt sich auf eine Rolle wickeln und sich außerdem schneller und billiger verarbeiten als Fliesen.

Degussa trägt auch zur besseren Brandbekämpfung bei. Das Unternehmen hat einen Zusatzstoff namens Firesorb entwickelt, der dem Löschwasser beigefügt wird und die Wirkung des Wassers erheblich steigert.

Cognis liefert die Technologie für Baby-Feuchttücher, die gleichzeitig die Haut der Kleinen nicht reizen und zudem noch eine pflegende Wirkung bewirken soll.

Kinder können mit Plastiktieren von Schleich oder Puppen von Zapf unbedenklich spielen, seit BASF den Weichmacher Hexamoll erfunden hat. Er ist gesundheitlich unbedenklich. Inzwischen wird Hexamoll auch bei Medizinprodukten oder bei

Produkten mit Lebensmittelkontakt wie
Verpackungsfolien eingesetzt. (3)

Innovation in Kooperation mit dem bestimmenden Kunden

Um zu erfahren, welche Produkte zukünftig einen Markt haben und welche Innovationsarbeit sich damit voraussichtlich bezahlt machen wird, muss das Spezialitätenchemieunternehmen genau wissen, mit wem es sprechen muss, wer letztendlich bestimmt, was auf den Markt kommt und was nicht. Neue Produkte, Anwendungen und Systemlösungen müssen zusammen mit den bestimmenden Kunden identifiziert und entwickelt werden. In der Automobilindustrie ist das längst gang und gäbe. Die chemische Industrie ist es gewohnt, Innovationen in direkter Kooperation mit den Automobilherstellern und Technologieführern unter den Systemintegratoren (z.B. Bosch) zu entwickeln, ihre eigentlichen Produkte dann allerdings an die Kunden in der direkt vorgelagerten Stufe der Wertschöpfung zu liefern. Andere Spezialchemiebereiche sind noch nicht ganz so weit. Auch hier ein Beispiel: Die Textilchemieunternehmen sollten nicht nur mit den Färbereien oder den Stoffherstellern reden, sondern direkt mit Adidas, um noch besser zu verstehen, wo künftig Marktpotential zu erwarten ist.

Mehrwertorientiertes Preismodell

Das Preismodell sollte nicht allein kostenorientiert, sondern mehrwertorientiert sein. Ein Beispiel wie es nicht sein sollte: Die Chemieindustrie erzielt mit Superabsorbern einen vergleichsweise geringen Preis pro Kilo, da sie ein kostenorientiertes Preismodell zugrunde legt. Die Abnehmer und Weiterverkäufer jedoch erzielen deutlich höhere Preise und damit Margen, wenn sie einfach ausgedrückt das Ganze noch in Papier packen und für deutlich teureres Geld verkaufen. (1), (2)

Neuartige Dienstleistungen und umfangreiche Servicekonzepte

Kein Chemieanbieter kann es sich heute noch leisten, nur seine Produkte zu verkaufen. Längst bieten alle auch produktbegleitende Informationen (z.B. Sicherheitsdatenblatt, Analysenzertifikat) und technischen Service (z.B. Beratung, Schulung, kundenspezifische Tests und Anwendungshinweise). Doch auch das reicht vielfach nicht mehr aus, um den sinkenden Wachstumsraten zu begegnen. Viele

Spezialchemieanbieter haben daher inzwischen neuartige umfangreiche Servicekonzepte in ihre Produktpalette aufgenommen. Dabei kann es sich um Ergänzungsleistungen wie Finanzierung/Leasing handeln oder auch um das gesamte Management des Chemikalienkreislaufs, das heißt inklusive Abfallrücknahme und Recycling. Teilweise werden bereits ganze Aufgabenbereiche übernommen. So bietet zum Beispiel Nalco das Betreiben einer Kläranlage und nicht allein die Lieferung der notwenigen Chemikalien an. Rhodia Eco Services stellt die Schwefelsäure nicht nur her, sondern sogt auch für die Rücknahme, Entsorgung bzw. Wiederaufbereitung der verbrauchten Säure. (4)

Fazit:

Es gibt durchaus Geschäftsmodelle und Strategien, die es den Spezialitätenchemieanbietern ermöglichen, im schnelllebigen Geschäft trotz fortschreitender Commodisierung und erhöhtem asiatischem Wettbewerb erfolgreich zu bleiben.

Fallbeispiele

Das deutsche Flaggschiff in der Spezialchemie ist **Degussa**, 2001 im Zuge der Fusion der Degussa-Hüls AG und der SKW Trostberg AG entstanden. Weltweit beschäftigt das Unternehmen rund 44 000 Mitarbeiter, ist an über 300 Standorten vertreten und erwirtschaftete 2005 einen Umsatz von 11,8 Milliarden EUR. Es stellt unter anderem Synthesebausteine für die Pharmaindustrie, Katalysatoren zur Biodiesel-Herstellung, Superabsorber, Nahrungsergänzungsmittel und Hochleistungsmaterialien her. www.degussa.deBayer übergibt seine Spezialchemiefirma **H.C. Starck**, Goslar, für 1,2 Milliarden Euro an die Finanzinvestoren Advent und Carlyle. Das Unternehmen - 920 Millionen Jahresumsatz 2005, 3 400 Beschäftigte, Sitz in Goslar - produziert unter anderem Metall- und Keramikpulver und Spezialchemikalien für Kunden aus der Elektronikindustrie, Medizintechnik und Raumfahrt. (5)

Altana Chemie

betreibt ein reines Spezialitätenchemiegeschäft (907 Millionen EUR Umsatz 2005, 4 384 Mitarbeiter, Wesel) bietet innovative Problemlösungen mit den dazu passenden Spezialprodukten für Lackhersteller, Lack-

und Kunststoffverarbeiter, Druck- und Kosmetikindustrie sowie die Elektroindustrie. Das Produktspektrum umfasst Additive, Speziallacke und klebstoffe, Effektpigmente, Dichtungs- und Vergussmassen, Imprägniermittel sowie Prüf- und Messinstrumente. www.altana.deAuch **Cognis**, die ehemalige Chemiesparte des Konsumgüterkonzerns Henkel und heute im Besitz von Finanzinvestoren, ist ein weltweiter Anbieter von innovativen Produkten der Spezialchemie und von Inhaltsstoffen für Nahrungsmittel (2,6 Milliarden EUR Umsatz Jan-Sept 2006, 8 100 Mitarbeiter, Sitz in Düsseldorf). (6)

Der Spezialchemiekonzern **H&R-Wasag** ist dieses Jahr auf beachtlichem Erfolgskurs. Umsatz und Gewinn klettern um mindestens ein Drittel. Der Konzern - 609,5 Millionen Euro Jahresumsatz, Sitz im niedersächsischen Salzbergen - stellt unter anderem Weichmacher, die zur Fertigung von Autoreifen gebraucht werden, sowie Sprengstoff und Kunststoffteile her. (7)

Der von Bayer abgespaltene Chemiekonzern **Lanxess** (17 000 Mitarbeiter, Sitz in Leverkusen) hat inzwischen wohl die gröbsten Sanierungsschritte hinter sich gebracht und entwickelt sich erstaunlich positiv. In Zukunft will Lanxess nun durch Zukäufe weiter vorankommen. Dabei konzentriert sich Lanxess auf die Basischemie, Spezialchemie und die

Spezialkunststoffe. (8)

Ein gutes Beispiel für ein modern ausgerichtetes, zukunftsorientiertes Spezialchemieunternehmen ist die **Biesterfeld-Gruppe**. Seit 1997 ist die Spezialchemie eine selbständige Gesellschaft, mit dem Ziel, den Kunden und Lieferanten eine stärkere Fokussierung auf erklärungsbedürftige Chemikalien zu bieten. Das Unternehmen vertreibt chemische Spezialitäten für drei Kerngebiete: Life Science bietet Produkte und Services für organische Synthese, Pharma, Personal Care und Household Cleaning Products. Der Unternehmensbereich CASE liefert Additive für die Farb- und Lackindustrie, Klebstoffe, Dichtungsmassen, Bauchemie sowie Polymere und Polyurethane. Der Geschäftsbereich Food Ingredients bietet zahlreiche Lebensmittelzusatzstoffe. (9)

Das niederländische Spezialchemie- und Biotechnologieunternehmen **DSM** (8,2 Milliarden EUR Jahresumsatz in 2005) hat eine Innovationsoffensive gestartet. Sie bringt Neuheiten wie einen auf einem Öl basierenden Lebensmittelzusatzstoff, der beim Genuss eines Joghurts das Sattheitsgefühl steigert, Enzyme in Energiedrinks für Hochleistungssportler, die eine schnellere Erholung ermöglichen und dem Muskelkater vorbeugen, oder spezielle natürliche Ingredienzen, die anstelle der bisher dazu genutzten

Chemikalien für klares Bier sorgen. (10), (11)

Die Schweizer Spezialchemiekonzerne **Clariant** und **Ciba** fahren seit Jahren einen Sanierungskurs und kämpfen mit Restrukturierungen, Stellenabbau und Margenproblemen. (12), (13), (14)

Beim britischen Chemiekonzern **ICI Imperial Chemical Industries** hingegen geht es nach einem langen Schuldenrückführungsprogramm dieses Jahr wieder aufwärts. Die ICI-Gruppe (8 Mrd. EUR Umsatz) ist auf Spezialchemie- und Farbengeschäfte fokussiert. Vor allem seine beiden Hauptsparten National Starch, ein Hersteller von Stärke und Spezialklebern, sowie Quest, ein führender Hersteller von Aroma- und Duftstoffen für die Lebensmittel- und Kosmetikindustrie, schnitten besser als erwartet ab. Die Duftstoffsparte Quest International wurde jüngst an die schweizerische Givaudan Group verkauft. (15), (16)

Zahlen & Fakten

Produktionswachstum von Grundchemikalien in 2006

Gesamtumsatz 2006	+6%	162 Milliarden EUR
Produktionswachstum		
Gesamt 2006	+3,5%	
Anorganische Grundchemikalien	+10%	
Petrochemikalien	+2%	
Polymere	+2%	
Fein- und Spezialchemikalien	+5%	
Arzneimittel	+3,5%	
Wasch- und Körperpflegemittel	+3%	
Agrochemikalien	-0,5%	

Quelle: VCI Verband der chemischen Industrie e.V., Presseinformation 6.12.2006

Entnommen aus: www.vci.de

Fein- und Spezialchemikalien legen um 5% zu.

Weiterführende Literatur

(1) Lösungen statt Produkte
aus CHEManager Ausgabe 21 vom 02.11.2006 Seite 001

(2) Die Chemie der Zukunft
aus WirtschaftsWoche online vom 2006-10-28

(3) Brand bekämpfen
aus WirtschaftsWoche online vom 2006-11-02

(4) Pflug, Kai / Weigel, Christian, Dienstleistungen eine Chance für die Spezialchemie, Arthur D. Little, www.adlittle.de
aus WirtschaftsWoche online vom 2006-11-02

(5) Neue Eigentümer für H.C. Starck
aus Süddeutsche Zeitung, 24.11.2006, Ausgabe Deutschland, Bayern, München, S. 27

(6) Cognis steigert Umsatz und Ergebnis
aus Handelsblatt Nr. 225 vom 21.11.06 Seite 15

(7) H&R-Wasag-Aktie auf dem Weg nach oben
aus FAZ.NET, 10.11.2006

(8) Die zweite Stufe
aus Frankfurter Allgemeine Zeitung, 28.11.2006, Nr. 277, S. 18

(9) Wachstum in alle Richtungen
aus CHEManager Ausgabe 18 vom 21.09.2006 Seite 015

(10) DSM leidet unter hohen Beschaffungspreisen
aus Frankfurter Allgemeine Zeitung, 27.10.2006, Nr. 250, S. 20

(11) DSM will die Innovationen vorantreiben
aus Frankfurter Allgemeine Zeitung, 24.08.2006, Nr. 196, S. 15

(12) Personelle Rosskur
aus Neue Zürcher Zeitung, 15.11.2006, Nr. 266, S. 21

(13) Clariant verschärft Sanierungskurs Hoechst-Nachfolger streicht jede zehnte Stelle und schließt jeden zehnten Standort · Musterbeispiel für Probleme der Branche
aus Financial Times Deutschland vom 15.11.2006, Seite 3

(14) Schlank oder mager?
aus Handelsblatt Nr. 168 vom 31.08.06 Seite 12

(15) ICI zeigt wieder zweistelligen Gewinnzuwachs National Starch und Quest fangen schwächeres Farbengeschäft beim britischen Chemiekonzern auf
aus Börsen-Zeitung, 03.11.2006, Nummer 212, Seite 12

(16) Auf Hochglanz lackiert
aus Handelsblatt Nr. 232 vom 30.11.06 Seite 14

Impressum

Spezialitätenchemie - Innovativ, serviceorientiert und auf Tuchfühlung mit dem Kunden

Bibliografische Information der deutschen Nationalbibliothek

Die Deutsche Nationalbibliothek verzeichnet diese Publikation in der deutschen Nationalbibliografie; detaillierte bibliografische Daten sind im Internet über http://dnb.d-nb.de abrufbar.

ISBN: 978-3-7379-2226-5

© 2015 GBI-Genios Deutsche Wirtschaftsdatenbank GmbH, Freischützstraße 96, 81927 München, www.genios.de

Alle Rechte vorbehalten. Dieses Werk ist einschließlich aller seiner Teile – z.B. Texte, Tabellen und Grafiken - urheberrechtlich geschützt. Jede Verwertung außerhalb der Grenzen des Urheberrechtsgesetzes bedarf der vorherigen Zustimmung des Verlags. Dies gilt insbesondere auch für auszugsweise Nachdrucke, fotomechanische

Vervielfältigungen (Fotokopie/Mikroskopie), Übersetzungen, Auswertungen durch Datenbanken oder ähnliche Einrichtungen und die Einspeicherung und Verarbeitung in elektronischen Systemen.